curiosidad por

EL LACROSSE

POR LISA M. BOLT SIMONS

AMICUS LEARNING

¿Qué te causa

curiosidad?

Curiosidad por es una publicación de Amicus
P.O. Box 227, Mankato, MN 56002
www.amicuspublishing.us

Editoras: Grace Cain and Megan Siewert
Diseñadora de la serie: Kathleen Petelinsek
Diseñadora de libro y investigación fotográfica: : Emily Dietz

Library of Congress Cataloging-in-Publication Data
Names: Simons, Lisa M. Bolt, 1969- author.
Title: Curiosidad por el lacrosse / by Lisa M. Bolt Simons.
Description: Mankato, MN : Amicus Learning, [2025] | Series: Curiosidad por los deportes | Includes index. | Audience: Ages 6-9 years | Audience: Grades 2-3 | Summary: "Conversational questions and answers share what kids can expect when they join a lacrosse team, including gear to pack, team positions, and how to score points. A Stay Curious! feature models research skills while simple infographics support visual literacy. Includes glossary and index"– Provided by publisher.
Identifiers: LCCN 2023045303 (print) | LCCN 2023045304 (ebook) | ISBN 9781645499596 (library binding) | ISBN 9798892000093 (paperback) | ISBN 9798892000529 (ebook)
Subjects: LCSH: Lacrosse–Juvenile literature.
Classification: LCC GV989.14 .S5618 2025 (print) | LCC GV989.14 (ebook) | DDC 796.36/2–dc23/eng/20231025

Photo Credits: Alamy/Cal Sport Media, 19; Depositphotos/ProShooter, Cover, 1; Dreamstime/James Boardman, 2, 5, Sports Images, 14–15, 17; Getty Images/Lance King, 6, M. Anthony Nesmith/Icon Sportswire, 20, Ryan Hunt, 21; iStock/browndogstudios, 22, 23, chadster, 2, 10–11, diane555, 17, photosynthesis, 22, 23, Tempura, 3, 13, 18, Yobro10, 6; Shutterstock/enterlinedesign, 13, MarcoVector, 7, Schaafb32, 9, WoodysPhotos, 8

Impreso en China

¿Se corre mucho?

¡Sí! Los jugadores tienen que correr rápido. Para anotar, tratan de meter una pelota de goma en la portería del otro equipo. También corren para escapar de sus **contrincantes**. Los contrincantes tratan de hacer que tires la pelota.

¿SABÍAS QUE...?
El lacrosse empezó hace mucho tiempo. Los indígenas americanos lo jugaron por primera vez. En un principio, los iroqueses lo llamaron "baggataway".

Tu contrincante tratará de hacer que tires la pelota.

Usar gafas y un protector bucal es importante para tu seguridad.

PREPARARSE

¿Qué equipo necesito para jugar?

Primero, necesitarás equipo de protección. Los niños usan un casco con una máscara. También se necesitan coderas, hombreras y guantes. Las niñas usan gafas. Tanto los niños como las niñas usan protectores bucales. También llevan palos de lacrosse.

bermudas

casco

camiseta

coderas

zapatos de lacrosse

gafas

guantes

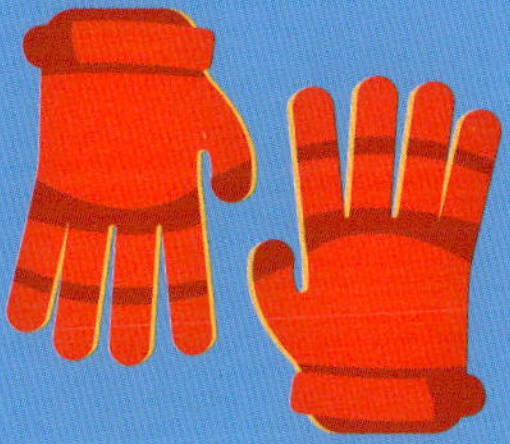

hombreras

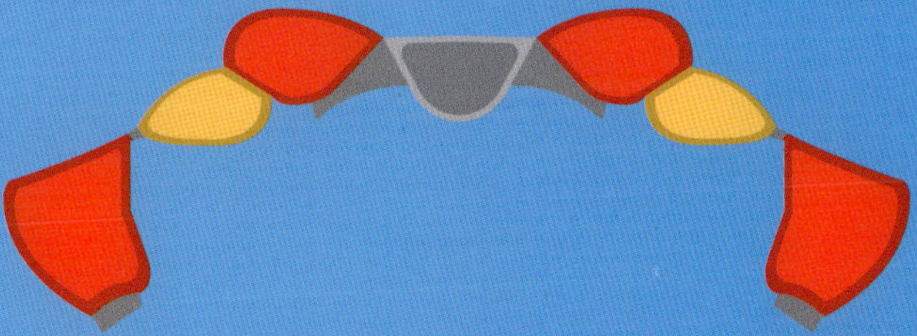

palo de lacrosse

protector bucal

protector de garganta

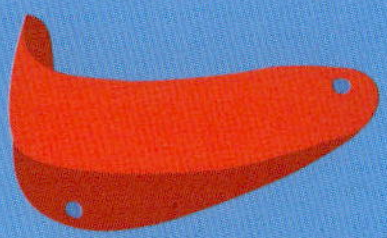

protector pectoral

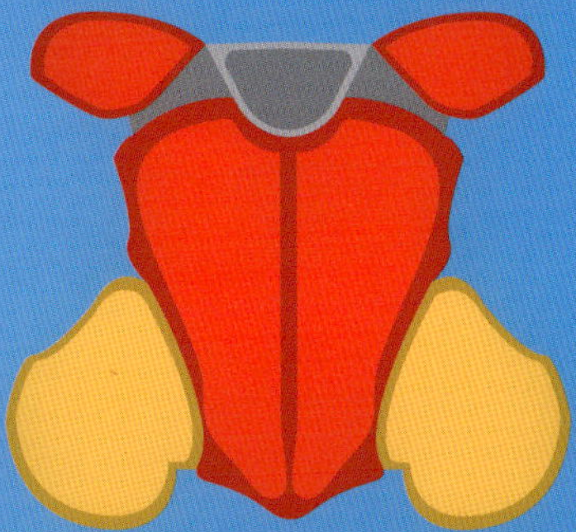

¿SABÍAS QUE...?

Los porteros también usan protectores de garganta y protectores pectorales.

¿Para que sirve el palo de lacrosse?

El bolsillo, o red, del palo te permite recoger y transportar la pelota.

Usas el palo para jugar. "La crosse" significa "el palo", en francés. En un lado, tiene un **bolsillo**. Los jugadores lo usan para lanzar y atrapar. Está prohibido tocar la pelota con las manos. En lugar de ello, usa el palo para recogerla y disparar.

LONGITUDES DE LOS PALOS

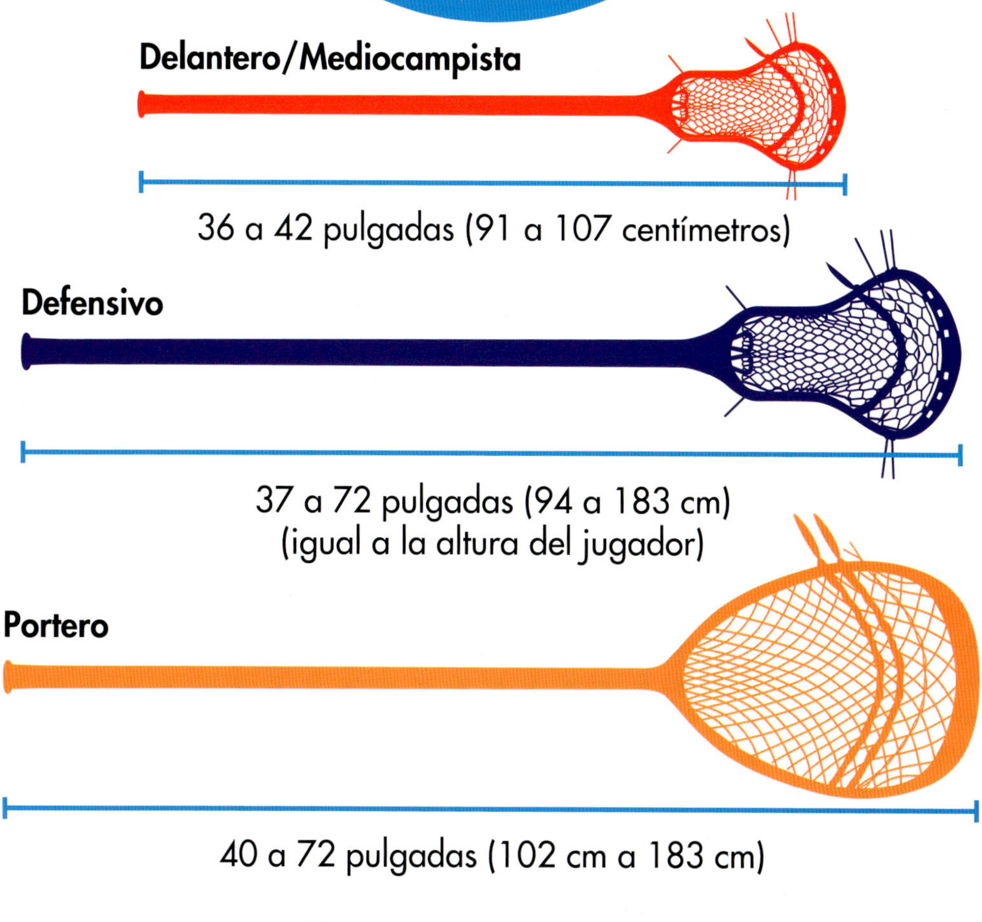

CAPÍTULO DOS

¿A qué equipo me uno?

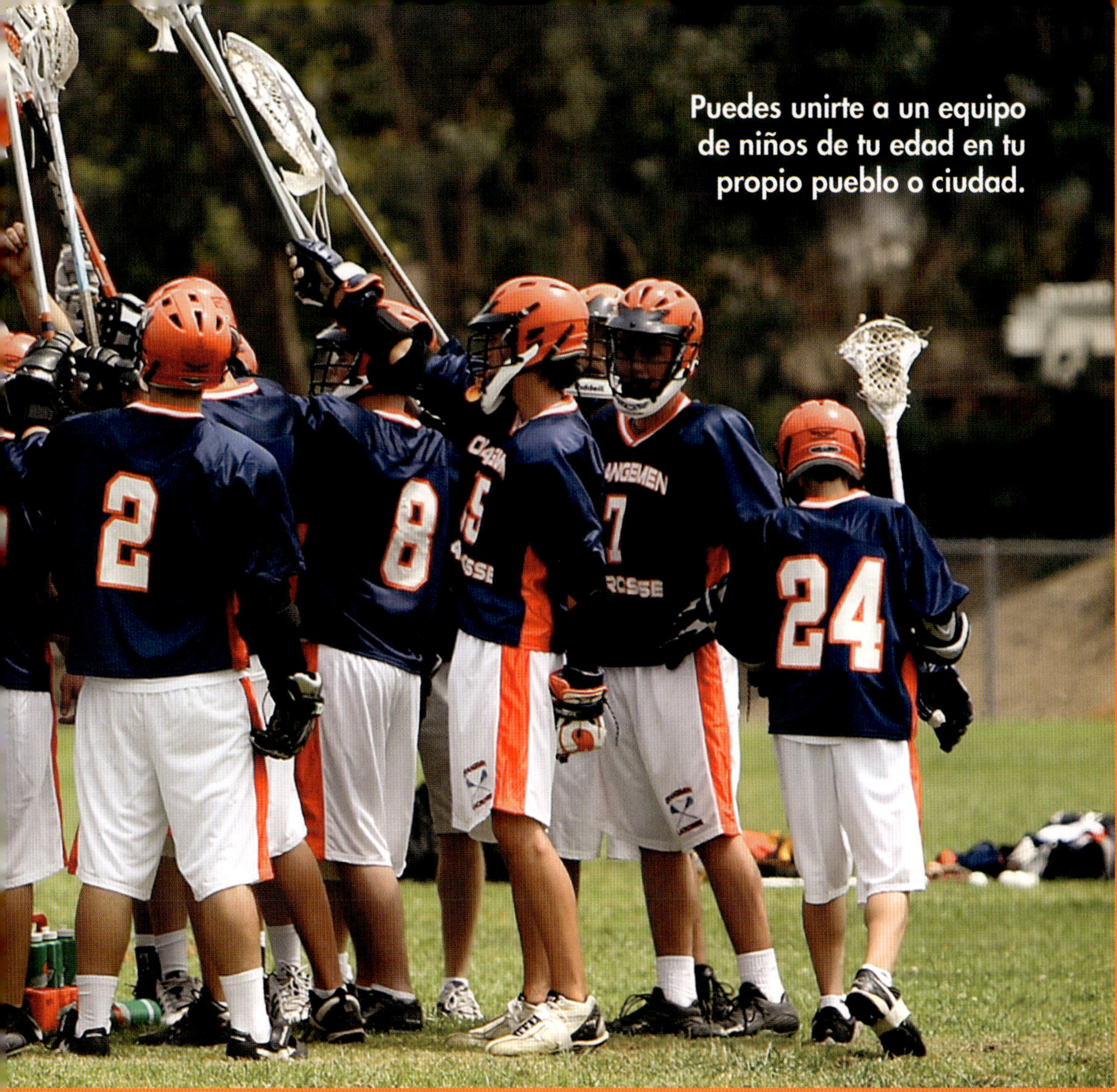

Puedes unirte a un equipo de niños de tu edad en tu propio pueblo o ciudad.

Los equipos se agrupan por edades. Un equipo 8U es para niños de 8 años o menos. Los niños de 10 años o menos juegan en un equipo 10U, y así sucesivamente. Muchos equipos toman el nombre de su ciudad o de un color. Por ejemplo, podrías estar en el equipo Springfield 8U.

¿Cuántos niños hay en mi equipo?

La mayoría de los equipos de niños tienen 10 jugadores. Hay tres defensores, tres mediocampistas, tres delanteros y un portero. El portero y los defensores protegen la portería. Los mediocampistas juegan en la **ofensiva** y en la **defensa**. Los delanteros meten goles. La mayoría de los equipos de niñas tienen una delantera y una defensora adicionales.

POSICIONES EN EL LACROSSE

El trabajo en equipo es importante. Los jugadores de lacrosse juegan juntos para anotar puntos y proteger la portería.

¿Quién será mi entrenador(a)?

¡Alguien que ame el lacrosse! Por lo regular, es alguien que jugó este deporte en su niñez. Y pudo haber jugado también en la universidad. Muchos estarán **certificados** como entrenadores. Los equipos de menor edad podrían tener a un papá o una mamá como entrenador(a). Los padres entrenadores suelen ser voluntarios.

Tu entrenador(a) te enseñará las reglas y habilidades que necesitas para jugar lacrosse.

CAPÍTULO TRES

¿Cómo inicia un partido de lacrosse?

Un mediocampista de un equipo **se enfrenta** a un mediocampista del otro equipo. El árbitro hace sonar el silbato. Los mediocampistas tratan de hacer un **clamp** a la pelota en el suelo o liberarla. El jugador que gane la pelota, la recoge con el palo. Pueden pasarla o correr hacia la portería contraria para anotar.

¿SABÍAS QUE...?

El lacrosse se juega en más de 75 países. ¡Esa cantidad está creciendo!

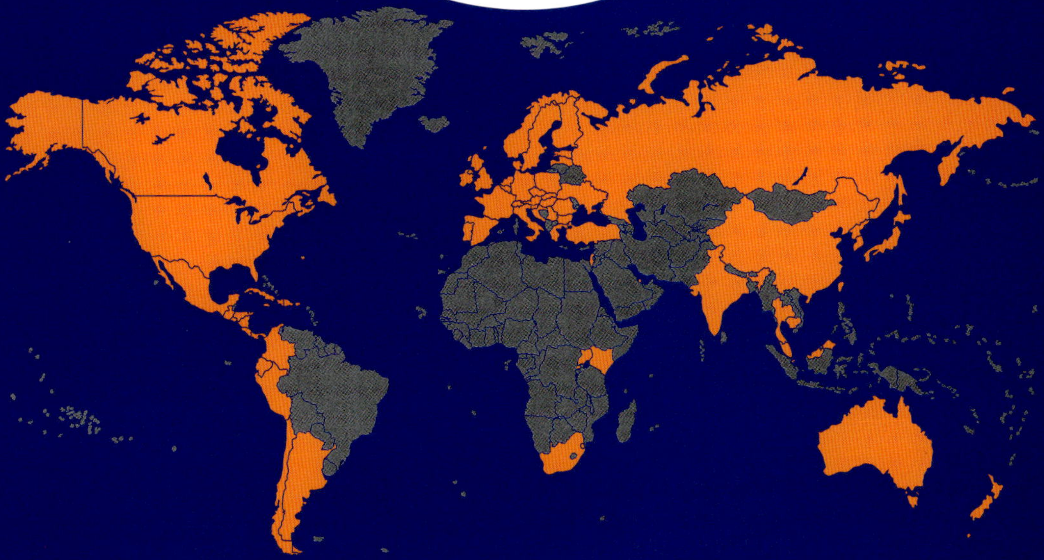

Los jugadores se enfrentan al inicio de cada cuarto y después de cada gol.

Hacer girar el palo mientras corres te ayuda a mantener la pelota en el bolsillo.

¿Qué es "acunar"?

Es una habilidad importante. Los jugadores **acunan** la pelota mientras corren. Giran el palo en medias vueltas mientras lo sostienen en posición vertical. Esto mantiene a la pelota dentro del bolsillo mientras te desplazas. El jugador puede protegerla de sus contrincantes.

¿SABÍAS QUE...?

Hay dos tipos de lacrosse. El lacrosse de campo se juega en un campo. El lacrosse de caja se juega en un lugar cercado o en una pista de hockey derretida.

Al acunar la pelota, es importante sostener el palo con las manos separadas. Esto facilita proteger la pelota mientras corres.

¿Cómo gana un equipo?

Después de un enfrentamiento, los jugadores se desplazan campo abajo.

¡Este obtiene la mayor cantidad de puntos! Los jugadores recogen, acunan y pasan la pelota por todo el campo. Los mediocampistas se aseguran de que sus contrincantes no los hagan tirar la pelota. Cuando un delantero se acerca a la pelota, ellos se preparan para disparar. Se abren paso entre todos los defensores. Solo necesitan una pequeña abertura... ¡Gol! Un gol equivale a un punto. ¡Sigue anotando para ganar!

Los delanteros tienen que pasar a través de todos los defensores para acercarse a la portería.

HAZ MÁS PREGUNTAS

¿Puedo obstruir con el cuerpo a otros jugadores?

¿Cuándo puedo empezar a jugar lacrosse?

Prueba con una PREGUNTA GRANDE: ¿Es el lacrosse un buen deporte para mantenerse activo?

BUSCA LAS RESPUESTAS

Busca en el catálogo de la biblioteca o en el Internet.
Pueden ayudarte tus padres, un bibliotecario o un maestro.

Usar palabras clave
Busca la lupa.

Las palabras clave son las palabras más importantes de tu pregunta.

Si quieres saber sobre:

- si puedes obstruir a otros jugadores, escribe: REGLAS DE OBSTRUCCIÓN EN EL LACROSSE
- cuándo puedes empezar a jugar lacrosse, escribe: EDAD PARA EMPEZAR LACROSSE

GLOSARIO

acunar Técnica donde un jugador crea un movimiento de semicírculo con el palo para transportar la pelota sin que se le caiga.

bolsillo La red de hilos de un palo de lacrosse usada para controlar la pelota.

certificado Que ha cumplido todos los requisitos oficiales que se necesitan para realizar un tipo de trabajo en particular.

clamp Mantener la pelota apretadamente en el bolsillo del palo.

contrincante Una persona, un equipo o un grupo que está compitiendo contra otro.

defensa Los jugadores de un equipo que tratan de evitar que el otro equipo anote.

enfrentamiento Competencia física entre dos jugadores contrarios que intentan ganar el control de la pelota luego de que esta se ha colocado en el suelo entre sus palos.

ofensiva El grupo de jugadores que tiene el control de la pelota y que trata de anotar puntos.

ÍNDICE

Acerca de la autora

Lisa M. Bolt Simons es una escritora y educadora jubilada que vive en Minnesota. Cuando era pequeña, ella observaba los partidos de lacrosse en la Academia de la Fuerza Aérea de Estados Unidos, en Colorado. Además, durante más de una década acompañó a sus hijos gemelos, Jeri y Anthony, en los deportes. Le encanta investigar para escribir libros infantiles.